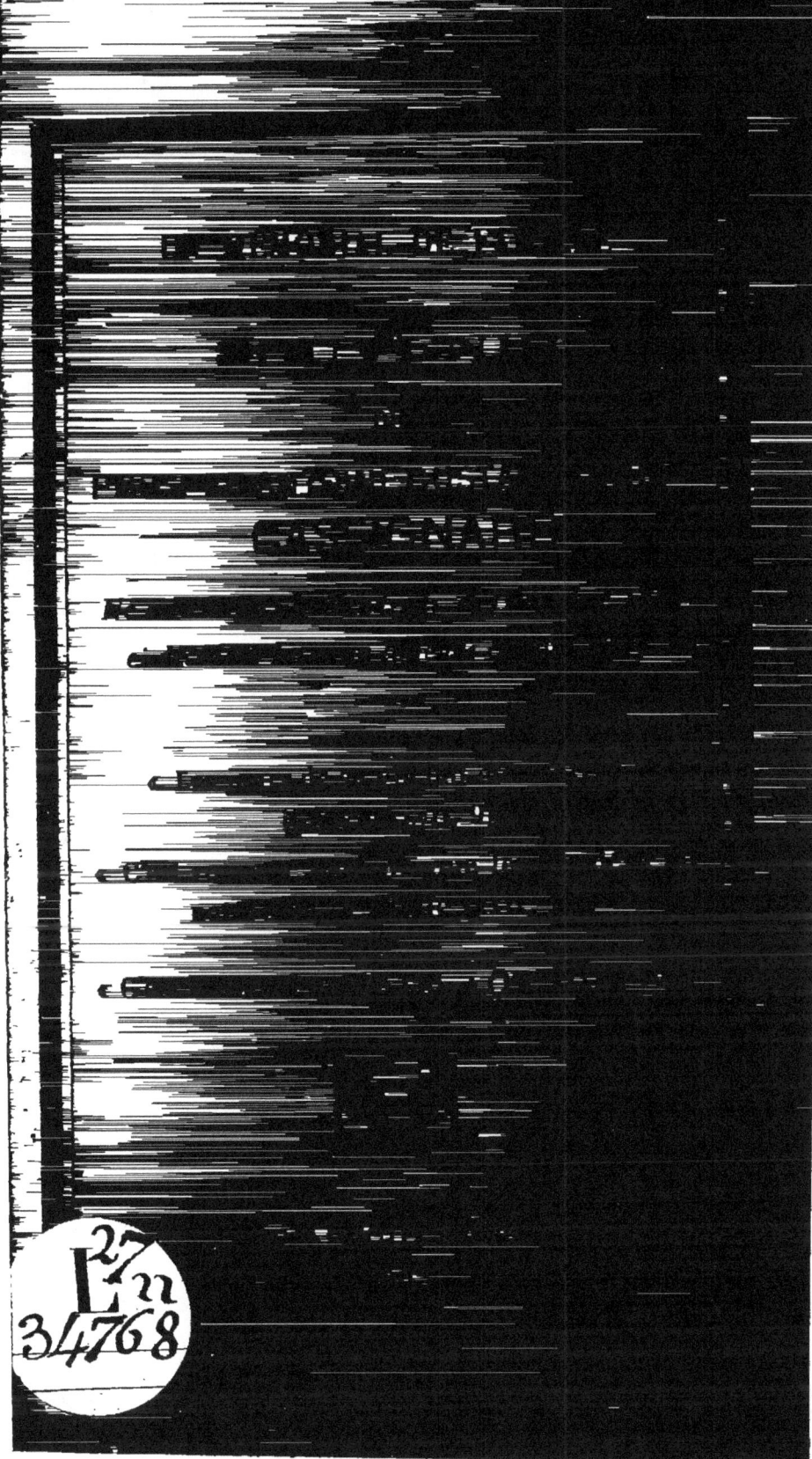

UN MÉMORIAL DE FAMILLE

SOUVENIR

DE

PROSPER-ANTOINE-GUSTAVE-ADRIEN
CASSIGNARD

*Né à Beaufort le Vendredi 29 Décembre 1882
et décédé à Lozeron le jeudi 9 Août 1883.*

« Les jours de sa vie ont été courts »
(Genèse XLVII, 9).

« C'est vers son Souvenir que tend le désir de
notre âme. » (Esaïe XXXIX, 10.)

« C'est l'Eternel qui l'a fait. » (Ps. XXXIX, 10. »

BEAUFORT (Drôme)

1883

I

LE JOUR DU BAPTÊME

LA PROVIDENCE DIVINE

OU L'ÉTERNEL NOTRE GARDIEN

DISCOURS

Prononcé à cette occasion

dans le Temple de Beaufort, le Dimanche
1ᵉʳ Juillet 1883, par

le Pasteur R. CASSIGNARD

« O notre Dieu, père tendre et fidèle,
« Nous remettons dans ta main paternelle
« Ce cher enfant que tu nous as donné :
« Il est à toi, pour toi seul il est né.

....

« Viens le bénir, viens, fais en ton enfant ;
« Qu'en Toi, Seigneur, il soit toujours vivant ! »

(Cantique 94 du Recueil des Eglises Réformées).

LA PROVIDENCE DIVINE

ou

L'ETERNEL NOTRE GARDIEN

« J'élève mes yeux vers les montagnes d'où me
« viendra le secours. Mon secours vient de l'Eternel
« qui a fait les cieux et la terre. Il ne permettra
« point que ton pied soit ébranlé ; celui qui te
« garde ne sommeillera point.
« Voilà, celui qui garde Israël ne sommeillera
« point et ne s'endormira point. l'Eternel est celui
« qui te garde. L'Eternel est ton ombre ; il est à ta
« main droite. Le soleil ne frappera point sur toi
« pendant le jour, ni la lune pendant la nuit. »
« L'Eternel te gardera de tout mal ; il gardera
« ton âme. L'Eternel gardera ton issue et ton entrée
« dès maintenant et à toujours. »

(Psaume CXXI).

C'est, croit-on, la veille d'une bataille que le Psalmiste composa ce psaume comme pour s'animer au combat ; aussi l'a t-on appelé *le Psaume du soldat*.

Et le chrétien a bien souvent sujet de le redire au sein de la mêlée et des combats de sa vie de chaque jour pour y puiser une sainte et forte assurance. « Israël, attends-toi à l'éternel ! Le « secours vient de l'Eternel qui a fait les cieux et « la terre. »

C'est, du moins, à cela que nous invite en ce moment la portion de nos Saints-Livres que nous allons méditer ensemble. Ne nous proclame-t-elle pas, et en termes qui portent tout le cachet de l'inspiration divine, qu'en effet, en tout et partout et durant tout le cours de notre existence, l'Eternel, notre Dieu, est notre garde, le Dieu qui nous protège et nous défend, le Dieu qui veille sur nous et a soin de ce qui nous concerne, notre Dieu toujours secourable, et, quand il faut, *le Dieu fort notre délivrance?* (Ps. LXVIII, 20).

On le dit, du reste, ordinairement : « ce que Dieu « garde est toujours bien gardé, » et le Psalmiste nous dit ailleurs : que « *ceux qui s'attendent à lui ne* « *sont jamais confus* » (Ps. XXV, 3), ou comme un grand poëte étranger l'a dit, à sa manière, à votre génération : « Celui qui sur Dieu se fonde et qui se « confie en lui, est déjà relevé. » (Goëthe : Wer God vertraut is schon auferbaut).

Attachons-nous donc, de cœur, et pour notre paix, notre force et notre assurance, à la grande doctrine qui nous est ici enseignée. C'est celle de *la Providence divine*, doctrine essentiellement chrétienne dont les bienfaisants effets répandront journellement sur notre vie leur influence bénie.

Mais, afin de pouvoir bien nous en approprier la promesse, n'oublions jamais qu'il nous faut savoir en tout, et avec une pleine sincérité et fermeté de foi, nous écrier toujours et particulièrement à l'heure du besoin : « *J'élève les yeux vers les mon-* « *tagnes d'où me viendra le secours ; le secours* « *vient de l'Eternel.* »

Et maintenant, si nous avons, tous, à former un vœu et à formuler à Dieu une prière, tant pour nous que pour tous ceux qui nous sont chers, ne sera-ce pas effectivement que Dieu les garde et nous garde, qu'il garde leur âme et notre âme, qu'il garde notre issue et notre entrée dès maintenant et à toujours !

I

« *L'Eternel est celui qui le garde.* »

La garde dont il est ici question est donc proprement et directement *divine ;* notre Dieu se l'est personnellement et exclusivement réservée Remarquons-le d'abord et puisons dans cette déclaration une fortifiante assurance.

Est-ce à dire, toutefois, que l'Eternel, dans l'accomplissement de son œuvre, veuille se passer, ou se passe habituellement, d'instruments ? Non, certes ! bien qu'il le pût. Il ne s'est pas astreint à ne pas en employer, et pourquoi n'en emploierait-il pas ?

Il a, d'abord, ce que l'Epitre aux Hébreux, (I, 14) appelle ses anges, « esprits destinés à servir et qui « sont envoyés pour exercer leur ministère en « faveur de ceux qui doivent avoir l'héritage du « salut. »

Et puis, il y a les lois du monde matériel qu'il a établies avec la souveraine sagesse d'une prévoyance infinie qui en adapte le fonctionnement à ses fins.

Il y a aussi les facultés diverses, les instincts de conservation et de prévision, les puissances intellectuelles et morales dont il a doté ses créatures et que son Esprit sait constamment, merveilleusement et mystérieusement mettre à l'œuvre pour en faire ses serviteurs, tout en en faisant ses messagers et ses témoins.

Et encore, ce que nous pourrions appeler particulièrement les lois spéciales de sa Providence dont il s'est réservé l'action propre, et, en vertu de ces lois, de sa main invisible, mais puissante et toujours active, (JEAN V, 17) agençant ensemble les maximes de la vie ordinaire, les principes d'une véritable et saine philosophie, les actes libres de la **volonté** humaine, les nobles affections, les désintéressements purs, l'attrayant exemple des gens de bien, il dirige et règle finalement toutes choses et il en dispose pour les faire entrer dans le cercle d'action de sa Providence divine et les faire concourir à son gouvernement et à son but providentiels.

Enfin, il y a la Loi écrite de Dieu, sa Parole, qui n'est pas seulement la lumière divine brillant au sein de nos ténèbres terrestres pour éclairer notre sentier, (Ps. cxix, 100), mais qui est aussi le livre de ses ordonnances et de ses commandements, destinés à nous tenir dans « la sagesse d'en Haut, » (Jacq. iii, 17) et à nous faire vivre dans la communion divine, action et direction immédiates de Dieu dans nos cœurs par le Saint-Esprit.

Or, Dieu se sert ou peut se servir de tous ces instruments-là, et il s'en sert constamment pour arriver aux fins de sa Providence bien que le plus souvent il s'en serve sans que nous nous en apercevions, ou que nous nous en rendions compte, tant ses voies sont ordinairement cachées et parfois mystérieuses !

Mais ne regardant, quant à nous, qu'aux instruments, nierions-nous, par contre, la main du coopérateur souverain qui les met à l'œuvre et qui les conduit ?

Pauvres aveugles que nous serions ! Et supposer, en effet, que Dieu les laisse à eux-mêmes pour qu'ils suffisent, seuls, entre les mains de l'homme, à la tâche indiquée. Eh bien, si Dieu se retire d'eux que deviennent-ils alors ! Dieu ! mais il n'est plus, pourrait-on dire, que le Dieu de la fable antique, vivant dans le ciel, par de là les nuages, dans un étrange et sauvage isolement fermant ses yeux, ou ne les ouvrant pas, pour prendre garde aux voies suivies par les créatures humaines, étant, d'ailleurs impassiblement insensible à leurs destinées, à leurs joies comme à leurs douleurs ! Et alors, comme tout, pour nous, change d'aspect, et comme toute sérénité, toute confiance, toute assurance, et, partant toute paix, toute fortifiante espérance disparaissent ! « Notre ciel, dit un écrivain sacré, devient de fer et notre terre d'airain. » (Lévitiq. xxvi, 19).

Et où en serions-nous, je vous le demande, où en serions nous, si nous repoussions toute foi et toute confiance en une Providence souveraine et divine ? Et, sans ce Dieu qu'on aurait ainsi misérablement chassé du ciel et de toute ingérence au sein des affaires humaines que serait notre vie toujours livrée à des hasards incessants ou aux caprices humains, sans nul recours à une puissance supérieure, livrée aux influences aveugles, sans entrailles souvent contraires de tant d'agents divers qui auraient prise sur elle ? Assurément, elle serait bien misérable, vous le concevez sans peine.

C'est donc à l'Eternel Dieu qu'il nous faut avant tout et en tout regarder. Il nous faut savoir toujours premièrement nous fonder, nous appuyer sur lui, comme aussi nous attendre à lui et espérer, quoi qu'il arrive, en lui, car quels que soient les instruments qui agissent entre ses mains, et quelles que soient les influences et les puissances qui exercent leur action sur notre existence, l'Eternel n'en est pas moins là, pour nous ; toujours là. C'est lui qui nous garde, et il nous garde lui-même, Nous pouvons, dès lors, attendre le résultat final de toutes choses avec la plus ferme des confiance et être en paix, nous assurant sur sa puissance et sa sagesse, sa bonté et son amour, lui remettre notre sort et celui de tous les nôtres, avoir en lui notre recours,

★★

et lui confier, jour par jour, le soin de ce qui nous regarde.

O Eternel, toi seul es Dieu, et tu es mon Dieu ! Tu gardes Israël et, dans ta sollicitude pour lui, jamais tu ne dors, ni jamais tu ne sommeilles. Qu'aurais-je à craindre et de quoi aurais-je frayeur? Que « *l'Eternel garde mon issue et mon entrée; dès* « *maintenant et à toujours !* »

C'est là notre foi et, pour nous y affermir, voyons de plus près cette Providence divine à l'œuvre.

II

Cette Providence n'est pas seulement *générale*, elle est aussi *particulière* et, à ce titre, elle s'étend, pour chacun de nous, à nos personnes, tout autant qu'aux évènements, quels qu'ils soient, de notre vie. Le Psalmiste nous le déclare en nous faisant, pour ainsi dire, le détail de sa pensée, car il nous dit en second lieu : « Il ne permettra pas que ton « pied soit ébranlé. Celui qui te garde est ton « ombre, il est à ta droite. Le soleil ne frappera « point sur toi pendant le jour, ni la lune pendant « la nuit. L'Eternel te gardera de tout mal, il « gardera ton âme. » Sa Providence ne peut exister qu'à ce prix.

Un monarque terrestre, quel que soit son meilleur vouloir pour le bien de son peuple, ne peut, à cet égard, que prendre des arrangements généraux. Il peut faire de bonnes lois, nommer des administrateurs capables, envoyer ses ordres, mais il ne peut pas s'occuper journellement des mille détails de l'administration de ses Etats, et encore moins des mille détails de l'existence individuelle de chacun de ses sujets. Hélas! il ignore le plus souvent comment les lois qu'il a faites fonctionnent, comment ses ordres sont exécutés et comment ceux qui gouvernent en son nom remplissent en tout leur devoir.

Mais il n'en est pas de même du Souverain Monarque des Cieux. Vous savez comment, dans la sérénité de sa foi et avec le langage de flamme qui lui est propre, le Psalmiste nous parle ailleurs de sa Toute Présence, ainsi que de sa Toute Science, non moins que de sa Toute-Puissance : « Où irai je, « s'écrie-t-il, loin de ton Esprit, où fuirai-je loin « de ta face? Si je monte aux cieux, tu y es, si je « me couche au sépulcre, t'y voilà. Si je prenais les « ailes de l'aube du jour et si j'allais demeurer à « l'extrémité de la mer, là même ta main me « conduirait et ta droite me saisirait. Tu connais « quand je m'assieds et quand je me lève ; tu « découvres de loin ma pensée ; tu m'environnes « soit que je marche, soit que je m'arrête, et tu as « une parfaite connaissance de toutes mes voies. » (Ps. CXXXIX, 2-10).

A toute heure, il embrasse de son regard tout ce qui existe dans son empire, il voit tout ce qui s'y fait, et à tout moment, il peut agir aussi sur tous les êtres et sur toutes choses ; il n'est vraiment Dieu que dans ces conditions, et dans son amour, dès lors, il peut prendre et il prend réellement un tendre soin de toutes ses créatures, de tous ses enfants.

Il les accompagne sur la voie que chacun d'eux suit séparément et individuellement. Il les aide à porter leur fardeau quotidien, et les préserve de bien des dangers. Il est tout compatissant pour eux et il les secourt dans leurs situations difficiles. Et il n'est aucun de leurs cris, aucune de leurs requêtes qui ne parviennent jusqu'à lui et qui le trouvent ou insensible, ou impuissant. C'est là sa Providence, Providence divine portant sur tous sa vigilance et étendant sur tous sa sollicitude et ses soins.

Et c'est bien celle que notre Seigneur Jésus-Christ a proclamée en termes si expressifs et si touchants dans son Sermon sur la Montagne, celle à laquelle il nous dit de regarder et de nous attendre, de nous remettre toujours filialement. Nul n'est trop petit pour elle et nul n'est oublié par elle.

> Aux dons que sa bonté mesure
> Tout l'univers est convié,
> Nul insecte n'est oublié
> A ce festin de la nature !
>
> (LAMARTINE).

La nier, cette Providence ! ce serait nier la Toute-Puissance, la Toute-Science, la sagesse infinie, l'amour constant et insondable de notre Dieu. La nier ! ce serait nier Dieu lui-même !

Si Dieu, qui a fait ses créatures et qui les aime, ne peut pas veiller sur elles, en prendre soin, les garder, les défendre, les secourir, avoir égard à leurs besoins, se laisser émouvoir par leurs souffrances, entendre leurs cris, exaucer leurs légitimes prières, les soutenir dans leurs luttes, les consoler dans leurs afflictions, les bénir dans leurs épreuves, qu'est-ce, alors, que Dieu ! Il n'y en aurait point et son nom serait un vain mot à bannir du langage des hommes, ou s'il y en a un, ce serait le Dieu sourd, aveugle, muet, sans entrailles des anciens païens, ou le Dieu sec, froid et mort de nos déistes modernes, et ce ne serait certes pas le Dieu des chrétiens, celui que notre âme désire et réclame, celui que Jésus-Christ nous a appris à connaître,

Dieu de miséricorde et d'amour que chacun est heureux d'appeler du doux nom de Père, « *Notre Père qui est aux cieux !* » Et ce nom de Père ne nous dit-il pas, à tous, sa Providence ?

A ce titre, donc, il ne s'occupe pas seulement des grands ou de ceux auxquels il a confié une mission particulière parmi les hommes, ou des grands évènements qui changent l'histoire des nations et décident du sort et de l'avenir des peuples, mais, et c'est là la doctrine chrétienne dans toute sa teneur et toute la beauté de sa simplicité, il s'occupe encore et il prend soin des petits, des pauvres, des affligés, des déshérités de ce monde, et il a souci des plus simples et des moindres événements de notre vie, et, entre ses mains, toutes choses, nous dit expressément saint Paul, (ROM. VIII, 98) « concourent ou « travaillent ensemble au bien de ceux qui l'ai- « ment. »

O croyance bénie, qui nous viens de l'Evangile de Jésus-Christ, que, pour notre paix et le bonheur de notre vie, Dieu te grave de plus en plus et t'affermisse d'une manière inébranlable et vivante dans tous nos cœurs !

Et maintenant, terminons par quelques faits à l'appui de cette croyance.

III

Un jour un tout jeune homme, enfant de quinze ans, eut un songe en gardant les troupeaux de son père dans les plaines de Canaan ; qui aurait vu dans ce songe-là, qui produisit, d'ailleurs, de si tristes conséquences pour celui qui l'eut, un instrument que Dieu mettait à l'œuvre pour opérer, dans la

***

suite, de grandes choses dans le monde et amener la grandeur future de la famille de l'enfant, tout en préparant par elle la formation de son peuple élu et la venue de son Fils au sein de l'humanité? Mais, vous connaissez l'histoire de Joseph et celle du peuple d'Israël.

Nous avons, en outre, là un argument qui nous montre aussi que Dieu s'occupe des petits et des humbles, et que sa Providence veille au bien particulier des siens et sait tirer, à l'insu des hommes parfois, les plus grands effets des plus petites causes.

Non! il n'est aucun de ceux que Dieu a créés, qu'il aime et qu'il a voulu racheter en Jésus-Christ, aucun qu'il néglige ou par indifférence, ou par impuissance, ou par manque de tendresse. Je l'ai dit: il y une Providence et elle est particulière, complète, parfaite, pour tous et pour chacun, ou il n'y en a pas, et allant, alors, jusqu'au bout, autant vaudrait dire qu'il n'y a point de Dieu.

Or, nous le savons, il y en a une, et, cela étant, Dieu nous voit en réalité pour prendre garde à nous et veiller sur nous, pour penser à notre bien et diriger, en conséqoence, les évènements de notre vie,

Il voit Hagar, dans le désert de Béérseba pleurer dans son isolement et son abandon, sur elle et sur son enfant et il la secourt.

Il voit Jacob prosterné, la nuit, au sein des solitudes de Lütz, et il entend ses cris pour les exaucer.

Il voit David garder humblement ses troupeaux dans les champs de Béthléhem, et il le prépare aux splendeurs royales.

Il voit Jérémie, nous dit ce Prophète, avant qu'il

sorte du ventre de sa mère, et il l'établit, déjà, pour être le prophète des nations.

Il voit Nathanaël sous son figuier, Pierre et Jean près de leurs filets, au bord de la mer.

Il nous voit tous, qui que nous soyons et où que nous soyons, et la raison, non moins que l'Ecriture, nous dit que Dieu qui est Dieu, l'est pour tous et pour chacun : il est Providence. C'est « l'Eternel « qui nous garde et nous couvre de son ombre et il « est toujours à notre droite. » « Ne craignez donc « point, nous dit Jésus (MATH. VI, 29-30), et ne « soyez point en souci, il ne tombe pas un seul « passereau en terre sans la permission de votre « père, et les cheveux mêmes de votre tête sont tous « comptés. »

Oh! que notre foi et notre confiance pleine, ferme, entière, soient toujours en Lui, en Lui dans la santé comme dans la maladie, dans la joie comme dans la souffrance et l'affliction, dans la prospérité comme dans les revers et au sein de l'épreuve, dans les jours sereins et les jours d'orage, dans les luttes, les combats, les tentations, les difficultés et les tribulations, car il est là, toujours là pour nous, et sachons toujours l'invoquer comme notre aide, et, lorsqu'il le faut, comme notre libérateur !

Jamais il ne nous fera défaut, car « ceux qui « s'attendent à lui ne sont jamais confus. » (Ps. XXV, 3). Et « ceux qui se confient en l'Eternel « sont comme la montagne de Sion qui ne peut « être ébranlée, mais qui subsistera toujours » (Ps. CXXV, 1). Avec lui, l'abattement triste et énorme, le désespoir sont impossibles. Il peut nous éprouver, nous châtier même, nous faire passer par le creuset de l'humiliation et de la souffrance, ou nous amener jusqu'au bord de notre fosse, mais nous abandonner ! jamais. Il ne veut pas et il ne peut pas se renier lui-même.

Que chacun de nous, donc, sans défaillance, dans ses moments douloureux ou difficiles, surtout dans ses moments critiques, sache toujours, dans cette forte et sainte assurance, s'écrier avec le Psalmiste : « J'élève mes yeux vers les montagnes d'où me « viendra le secours. Mon secours vient de l'Eter- « nel qui a fait les cieux et la terre. L'Eternel est « celui qui me garde, il est mon ombre, il est à « ma droite, je ne serai point ébranlé. Qu'il me « garde seulement de tout mal, qu'il garde mon « âme. Qu'il garde mon issue et mon entrée dès « maintenant et à toujours ! »

II.

LE JOUR DU DEUIL

TRISTESSE ET CONSOLATION

ALLOCUTION

Prononcée au nom de la Famille affligée, dans la maison mortuaire, le samedi 11 août 1883,

PAR

le Pasteur R. CASSIGNARD
(Grand-Père de l'Enfant).

« L'Eternel l'avait donné, l'Eternel l'a ôté, que le
« nom de l'Eternel soit béni ! » (Job. I, 21).

« Ceux qui dorment dans la poussière de la terre
« se réveilleront. » (Daniel XII, 2.)

« Ne vous affligez pas comme ceux qui n'ont point
« d'espérance, car nous croyons que Dieu ramènera
« par Jésus ceux qui seront morts, afin qu'ils soient
« avec lui. » (I. Thess. IV, 13, 14).

Tu connais notre durée :
Tous nos jours sont en tes mains.
Notre course est mesurée,
Nos moments sont incertains :
Comme au matin la rosée,
Ainsi passent les humains.

(Cantique 108.)

Lecture préliminaire des Saintes-Ecritures

« Nous ne regardons point aux choses visibles,
« mais aux invisibles ; car les choses visibles ne
« sont que pour un temps, mais les invisibles sont
« éternelles ; car nous savons que si notre demeure
« terrestre dans cette tente est détruite, nous avons
« dans le ciel un édifice qui vient de Dieu, une
« maison éternelle, qui n'a point été faite par la
« main des hommes. » (II Corinth. IV, 18. —
V. 1).

« Le corps est semé corruptible, il ressuscitera
« incorruptible ; il est semé méprisable, il ressus-
« citera glorieux ; il est semé infirme, il ressusci-
« tera plein de force ; il est semé corps animal, il
« ressuscitera corps spirituel, il y a un corps ani-
« nal et il y a un corps spirituel, suivant qu'il est
« écrit : le premier homme, Adam, a été fait avec
« une âme vivante, mais le dernier Adam est un
« esprit vivifiant

« Mais ce qui est spirituel n'est pas le premier,
« c'est ce qui est animal ; et ce qui est spirituel
« vient après. Le premier homme, étant de la terre,
« est terrestre ; et le second homme qui est le
« Seigneur, est du ciel. Et comme nous avons porté
« l'image de celui qui est terrestre, nous porterons
« aussi l'image du céleste.

« Voici donc ce que je dis, mes frères : c'est que
« la chair et le sang ne peuvent posséder le royaume
« de Dieu, et que la corruption ne possèdera point
« l'incorruptibilité.

« Car il faut que ce corps corruptible soit revêtu
« de l'incorruptibilité et que ce corps mortel soit
« revêtu de l'immortalité. Et quand ce corps cor-
« ruptible aura été revêtu de l'incorruptibilité, et

« que ce corps mortel aura été revêtu de l'immor-
« talité, alors cette parole de l'Ecriture sera ac-
« complie : la mort est engloutie pour toujours.

« O mort ! où est ton aiguillon ? O sépulcre, où
« est ta victoire ? Or l'aiguillon de la mort, c'est le
« péché, et la puissance du péché, c'est la loi. Mais
« grâces soient à Dieu qui nous a donné la victoire
« par Notre-Seigneur Jésus Christ.

« C'est pourquoi, mes frères bien-aimés, soyez
« fermes, inébranlables, abondant toujours dans
« l'œuvre du Seigneur, sachant que votre travail
« ne sera pas vain auprès du Seigneur. »

(I Corinth. XV, 42-58).

Allocution

Après ces fortifiantes paroles qui, pour moi, dans un moment comme celui-ci, n'est point leurs pareilles dans le langage humain, je voudrais n'avoir pas un seul mot à dire, car mon cœur se brise à la vue de ce petit cercueil qui est sous nos yeux. J'aimerais n'avoir qu'à me recueillir avec vous, pour y puiser, au sein de ma douleur, les saintes espérances, et les rayonnantes assurances divines de vie et d'immortalité qu'elles nous donnent, et pourtant il faut que je parle après les avoir lues, ma famille m'en a fait un devoir, et il faut que tant en son nom qu'au mien je prononce ici l'adieu suprême, celui que nous avons à dire à notre cher petit bien-aimé que désormais nous n'aurons plus avec nous sur la terre et si ma famille y a tenu, vous le dirai-je, j'y tiens aussi et non moins qu'elle, car je tiens à devoir et comme à honneur, par amour, à accompagner de ma parole jusqu'à sa dernière demeure la dépouille mortelle du cher petit enfant qui s'était fait une si grande place dans mon affection. Aussi c'est avec une émotion bien sentie que je remercie du fond du cœur le bienveillant et si charitable collègue et ami qui est près de moi et qui a bien voulu m'assister de son ministère dans cette douloureuse circonstance et je vous remercie aussi de même, vous tous, chers et nombreux amis de Lozeron et de Beaufort qui voulez bien prendre une part cordiale à notre affliction. Et que Dieu me soit en aide pour parler !

Que vous dirai je ? Il nous a quitté, le cher petit être que Dieu nous avait donné, la douce et si attachante créature qui a fait pour bien peu de temps notre joie. Notre fils chéri, notre Adrien n'est plus, Dieu l a rappelé à lui, et maintenant pour nous, pour son pauvre père et sa pauvre mère surtout, pour nous tous qui n'étions qu'un cœur et qu'une âme pour l'aimer, son départ jette sur notre vie un voile de tristesse et de deuil qui va désormais l'assombrir.

Mon fils, ma fille, c'est le moment du sacrifice. Il est venu et il faut que le sacrifice s'accomplisse. Entendez la voix de celui qui nous rendra, un jour, nos morts, car il les ramènera pour qu'il soient avec lui (I Thess. IV, 14). Il vous a dit : « Laissez « venir à moi le petit enfant et ne l'en empêchez « point, car, les petits enfants, le royaume de Dieu « est pour ceux qui leur ressemblent». (Marc X.14). Abraham, Dieu demande maintenant ton Isaac !

O mes amis, « ayez pitié de moi ! ayez pitié de « moi, vous mes amis, car la main de Dieu m'a « frappé», s'écriait Job (XIX, 21) au sein de son infortune et ses grandes épreuves, et ce que disait le patriarche des anciens jours, avec le même navrement je puis vous le redire à tous ici, en face de ce petit cercueil, car nous n'avons plus là que la dépouille mortelle de celui que nous pleurons dans toute l'amertume de notre douleur. Mais, pourtant, si nous le pleurons ainsi, et je le dis pour tous les miens et pour moi, c'est avec une affliction qui, nous venant de Dieu, trouve, après tout, en Dieu même son adoucissement et sa fortifiante consolation. C'est Dieu qui l'a fait (Ps. XXXIX, 10) devons-nous nous écrier avec le psalmiste. Et bénissons tous Dieu de ce que, par son Evangile qui, finalement, est celui de la vie, il nous parle maintenant lui-même, pour nous consoler et nous fortifier au sein de l'épreuve qu'il nous a dispensée. Il a dit qu'il n'est point, après tout, « le Dieu des morts, mais le Dieu des vivants. » (Math. XXII, 32).

Je bénis Dieu, en effet, à cause de son Evangile et de ce que, par la foi en cet Evangile, lumière et force de Dieu même pour nous et en nous, je sais, et nous pouvons, tous, savoir avec certitude :

1. — Que « c'est l'Eternel qui fait mourir et qui fait « vivre » (I Sam. II, 6), ce qui veut dire que c'est, en tout, entre ses mains qu'est notre existence et qu'est notre destinée depuis notre premier jusqu'à notre dernier souffle sur la terre, entre les mains d'un Dieu qui n'est pas que le Dieu grand et puissant, mais qui est aussi le Dieu tout sage et tout bon, le Dieu notre Père, qui nous aime, qui veut et poursuit notre bien, qui dirige tout, pour nous, d'une main non moins miséricordieuse que paternelle, et qui, dès lors, ne saurait diriger toutes choses, dans ses dispensations, que pour le mieux de ses créatures, soit qu'elles vivent ou soit qu'elles meurent.

Le sachant, je bénis donc, en même temps, l'Evangile de ce qu'il m'apprend à me soumettre à la volonté de Dieu, quelle qu'elle soit, serait-elle la plus mystérieuse et la plus douloureuse, et quelle qu'elle soit tant pour moi que pour tous ceux que j'aime, aussi, dans ces sentiments, en face de ce cercueil, et quelles que soient les pensées poignantes que sa vue fasse naître en moi, je désire pouvoir dire encore avec Job, dans ma soumission évangélique à la volonté divine : « l'Eternel l'avait donné, l'Eternel l'a ôté, que le nom de l'Eternel soit béni!» (Job 1 21).

Et si je le dis, c'est :

2. — Qu'en outre l'Evangile m'apprend, et avec la certitude que réclame mon cœur, sans que ni mon intelligence, ni ma raison, ni ma conscience, le contredisent, que tout n'est pas fini pour nous avec la vie présente, et qu'il y a après cette vie-ci, une autre vie, et meilleure si nous le voulons, car Christ, par son Evangile a mis, pour tous, en évidence la vie et l'immortalité (II Timoth. I, 10) et celui qui croit en lui vivra quand même il serait mort, car il est lui-même la résurrection et la vie (Jean XI, 25), et celui qui croit en lui ne périt point et a la vie éternelle (Jean III. 16). Paroles bénies qui ne peuvent venir que de Dieu et qui ravissent aux sépulcres, eux-mêmes, leur proie !

Et cette foi de l'Evangile, rayonnant en mon cœur de toutes les lumières d'en haut, le remplit d'assurance, de l'assurance qui lui ouvre la voie pour l'éternité. J'éprouve le besoin de vous le dire, à vous tous, mes amis, qui êtes venus sympathiser à notre deuil, et c'est dans les sentiments qu'inspire cette foi que j'accompagnerai avec vous à sa dernière demeure notre bien-aimé. C'est avec une navrante douleur que je me dis que je ne le verrai plus sur la terre, mais je le remets pieusement pour l'autre vie entre les mains de Dieu qui l'a rappelé à lui. Il reprend, d'ailleurs, le dépôt qu'il nous avait confié, et « il est puissant pour garder notre « dépôt jusqu'à ce jour-là, » dit son apôtre. (II Tim. I, 12). Oui, car pour moi, ainsi que pour vous tous, ici, je m'assure, la mort n'engloutit pas pour toujours ceux qui passent par sa sombre vallée. (Ps. XXIII, 4). Ils vont revivre et nous attendre dans les demeures d'en Haut, et c'est, pour nous, dans cette certitude qu'est la source de la vraie, de la bonne, de la sanctifiante consolation, car elle est celle de la consolation sainte et divine.

3. — Et, enfin, je bénis l'Evangile de ce que la mort, si terrible pourtant, a, par lui, perdu son lugubre aspect et ses terreurs. Il nous la présente comme étant, finalement, *un sommeil*. « Lazare, « notre ami, dort, mais je m'en vais l'éveiller », disait Jésus ; (Jean XI, 11). « Talitha, la petite fille, « n'est pas morte, mais elle dort. » (Marc V. 39). C'est le sommeil de la vie présente, et il est tellement sommeil que, parfois, comme c'est ici le cas pour mon petit bien aimé qui n'est plus et que j'ai pu contempler dans son cercueil, il nous trompe par le plus calme, le plus doux, le plus attirant et le plus innocent des sourires. On dirait le repos, le vrai repos de la vie. Et si c'est un sommeil, c'en est un qui sera suivi de son *réveil*. Un grand prophète le disait déjà, il y a trois mille ans passés ; il s'écriait à propos de ceux qui sont morts : « ceux qui « dorment dans la poussière de la terre, se réveilleront ! » (Dan. XII, 2).

Ils se réveilleront ! Ils se réveilleront en Christ au dernier jour. » N'en soyez pas surpris, dit l'E-« vangéliste ; (Jean V, 28-29), car le temps vien-« dra que tous ceux qui sont dans les sépulcres en-« tendront la voix du Fils de Dieu et que ceux qui « l'auront entendue ressusciteront et vivront. » Et ce sera le moment de la réunion finale, définitive qui ne sera plus sujette à une séparation. Aussi, quand on le sait, et qu'on le sait bien, l'on s'écrie avec transport ; même au sein de la plus déchirante douleur, et l'on s'écrie avec l'Evangile : « O mort ! « où est ton aiguillon ? ô sépulcre ! où est ta « victoire ? Et, grâces soient à Dieu qui nous a « donné la victoire par Notre Seigneur Jésus-« Christ ! » (I Cor. xv, 55-57).

Et maintenant, mes amis, si je pleure les bien-aimés qui nous quittent, et, en particulier aujourd'hui, celui qui vient de nous quitter, je veux les pleurer en Dieu, et laissez-moi les pleurer avec l'Evangile. Avec lui, quand ils nous quittent, je les vois partir pour répondre à l'appel de Dieu qui les rappelle à Lui, et partir pour aller, quant à leur esprit, au sein de Dieu même, dans un monde meilleur. Je puis donc leur donner rendez-vous et leur dire au revoir dans les demeures d'en Haut, où sont inconnues les douleurs, les souffrances de la terre. Je pleure tout en puisant, dans mes larmes elles-mêmes, ma consolation, et cette consolation est celle de la résignation à la volonté divine et celle de l'assurance du revoir et de la rencontre sans séparation pour le jour éternel, auprès du Dieu qui nous appellera, tous, un jour, chacun à notre heure, auprès de lui et pour la vie éternelle.

Que Dieu me donne de plus en plus, ainsi qu'à tous les miens et à tous ceux que j'aime, et qu'il vous donne aussi, à vous tous, ici, mes amis, cette foi précieuse et qu'il nous accorde, à tous, la grâce d'en vivre !

Adieu donc, dans cette foi, dans ces sentiments et dans cette assurance, adieu pour ton cher père et pour ta chère mère, pour moi, pour tous ceux qui ont été lestiens pendant si peu de temps ici-bas, pour tous ceux qui te donnent ici, avec nous le dernier témoignage d'amour !

Adieu, cher, adieu, bien aimé Adrien !
Adrien ! Adrien ! mon ami ! Adieu !

Repose en paix entre les mains de Dieu, nous garderons pieusement ton doux souvenir.

Adieu, mais au revoir là haut, dans le sein de Dieu même, au jour de la résurrection bienheureuse !

« *L'enfant ne viendra plus vers nous, mais nous*
« *irons* vers lui ! » (II. Sam. XII, 23).

— Non, ce n'est pas mourir que d'aller vers son Dieu,
Que de quitter le lieu
De cette sombre terre,
Pour entrer au séjour de la pure lumière.

— Non, ce n'est pas mourir que d'habiter le ciel,
Le repos éternel
De la gloire ineffable,
En sortant du combat d'un monde périssable.

(Cantique 70).

Et que la paix de Dieu, qui surpasse toute intelligence possède et garde tous nos cœurs et tous nos esprits en Jésus-Christ ! (Phil. IV, 7).

— Amen. —

Quelques paroles supplémentaires

(Extraites d'un discours prononcé antérieurement sur le *Bon Berger*, (Jean X, 11).

..... Ce n'est point ici, pour nous, sur la terre, la demeure éternelle. Ce n'est que *notre demeure préparatoire*. Nous avons, en haut, une demeure meilleure. Dieu y recueillera, un jour, tous les siens, et ils y seront tous, un seul troupeau sous la houlette même de leur berger.

..... Ici-bas, nous sommes sujets à nous séparer les uns des autres; nos liens peuvent se rompre, notre bonheur prendre fin ; mais si nos liens sont des liens chrétiens, ils se renoueront plus tard. — Nous serons, tous ensemble, comme une même famille dans la maison de notre père. Il n'y aura, alors, qu'un seul troupeau et qu'un seul berger.

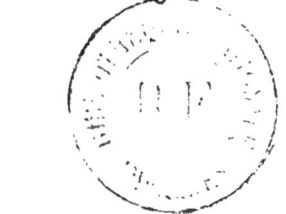

Alençon, imp. A. Lepage, rue du Collège, 8.

7º

www.ingramcontent.com/pod-product-compliance
Lightning Source LLC
Chambersburg PA
CBHW060527050426
42451CB00009B/1196